DÉGAZE, FRANÇOIS !

Dépôt légal : mars 2014
Numéro d'édition : 61
ISBN : 978-2-35766-072-4
Imprimé en France par Clerc

Couverture : maquette de Philippe Ghielmetti
Dessin de Riss

Cabu • Catherine • Charb • Coco • Félix • Foolz •
Honoré • Jul • Luz • Riss • Schvartz • Tignous

DÉGAZE, FRANÇOIS !

LES ÉCHAPPÉS
CHARLIE HEBDO

9 MAI 2012 / N° 1038 / 2,50 €
CHARLIE HEBDO
PREMIÈRE PHOTO OFFICIELLE
LUZ
www.charliehebdo.fr
N° 1038 ▸ FRANCE MÉTROPOLITAINE : 2,50€ - BEL/LUX : 2,80€ - AND : 2,50€ - ESP/PORT. CONT. : 3€ - DOM/A : 3,50€ - CH : 4 FS - CAN : 5,65 $C - NCAL/A : 660 F CFP - POL/S : 660 F CFP - TUNISIE : 5 TND
L 14057 - 1038 - F: 2,50 €

LE SERRE-TÊTE INTERDIT DANS LES LIEUX PUBLICS
IL AVILIT LA FEMME !
LUZ.

RÉGIME
DUKAN
RÉGIME
DUKAN
RÉGIME
DUKAN
RÉGIME
DUKAN
-RISS-

28 ANS APRÈS
KOHL ET MITTERRAND...
...LEQUEL FERA LE PREMIER GESTE ?
RISS

REPORTAGE CHEZ LES NÉO-NAZIS GRECS P. 8-9

CHARLIE HEBDO

16 MAI 2012 / N° 1039 / 2,50 €

MEGÈVE,
LA FORTERESSE SARKOZY P. 15

ENQUÊTE
RÉDUCTIONS D'IMPÔTS POUR MILLIARDAIRE SARKOZYSTE P. 7

HOLLANDE PRÉSIDENT
L'HUMOUR ENTRE À L'ÉLYSÉE P. 2

JAPON
LE NUCLÉAIRE SE FAIT HARA-KIRI P. 11

POMPIERS DE PARIS, HOLLANDE-MERKEL

LE BIZUTAGE, ÇA SUFFIT!

cabu

www.charliehebdo.fr

N° 1039 ▸ FRANCE MÉTROPOLITAINE : 2,50€ - BEL/LUX : 2,80€ - ALLEMAGNE : 3,80€ - AND : 2,50€ - ESP/PORT. CONT. : 3€ - DOM/A : 3,50€ - CH : 4FS - CAN : 5,45$C - NCAL/A : 660F CFP - POL/S : 660F CFP - TUNISIE : 5 TND

L 14057 - 1039 - F: 2,50 €

FiNi L'AUCHTÉRiTÉ
LUZ

HOLLANDE DANS LES TRACES DE MITTERRAND :

LE PRÉSIDENT NORMAL CRÉE LA SURPRISE
J'AI NOMMÉ DES MINISTRES ANORMAUX...
CHARB.

PRÉSIDENT NORMAL, MINISTRES NORMAUX...
ÇA Y EST, ON SE FAIT CHIER !!
C'EST NORMAL
...
CHARB.

OUI À LA CHASSE AUX SORCIÈRES
ÇA SENT LE PNEU
LUZ

SOFITEL
HOLLANDE AUX USA DÉPOSE UNE GERBE AU SOFITEL DE NEW YORK
AUX FEMMES DE CHAMBRE, SANS LESQUELLES JE NE SERAIS RIEN!
FRANÇOIS HOLLANDE
RISS.

JUSQUE-LÀ, TOUT VA BIEN.
ON A ENCORE 250 SEMAINES POUR RÉUSSIR !
TIGNOUS

BONJOUR! JE SUIS ÉLIZABETH TEISSIER!
HOLLANDE DANS LES PAS DE MITTERRAND
MARTINE VOUS MANQUE ET TOUT EST DÉPEUPLÉ
cabu

ANTI GLAMOUR,
HOLLANDE INAUGURE LE
"FESTIVAL DE CALME"

FAUT-IL BOMBARDER HÉNIN-BEAUMONT ?

SYRIE : LA FRANCE EXHORTE BACHAR EL-ASSAD
VOUS AVEZ ESSAYÉ D'ÊTRE UN DICTATEUR NORMAL ?
Jul

LÉGISLATIVES : LE PS AU PERCHOIR, L'UMP AU DÉPOTOIR P. 2

20 JUIN 2012 / N° 1044 / 2,50 €

CHARLIE HEBDO

www.charliehebdo.fr

ENQUÊTE
QUAND LE BTP DE MOSELLE BÉTONNAIT LES MARCHÉS PUBLICS P. 9

ÉCOLOGIE
LE DIESEL TUE, CALVET EST SON PROPHÈTE P. 7

GRÈVES EN ESPAGNE
LES GUEULES NOIRES VOIENT ROUGE P. 11

REPORTAGE À EUROSATORY
CHARB AU SALON DU CRIME P. 15

L 14057 - 1044 - F: 2,50 €

La photo officielle que Depardon n'a pas osé faire

Quelle photo officielle?
Charte de déontologie
Tignous

IL FAUT TROUVER UNE OCCUPATION À VALÉRIE
SÉGOLÈNE N'IRA PAS AU PERCHOIR …
NON NON MOI MOI MOI
QUE FAIRE FAIRE À VALÉRIE TRIERWEILER ? … DU JARDINAGE COMME MADAME OBAMA ?
… OU DE L'HUMANITAIRE ?
FEMMES BATTUES KERGELEN
1re DAME FOR PEACE
SI VOUS M'EMMERDEZ, JE VOUS NOMME TOUTES LES DEUX AU CONSEIL ÉCONOMIQUE ET SOCIAL !
cabu

Au théâtre ce soir
Le vaudeville que nous venons d'interpréter devant vous est de François Hollande, la mise en scène de Valérie Trierweiler...
HONORÉ

télé: le retour de Dallas
tu ne crois pas que tu as assez tweeté pour aujourd'hui Sue ellen ?
Foolz

L'EXPLOIT de TRIERWEILER
ELLE VA NOUS FAIRE REGRETTER BERNADETTE.
SUDOKU
RISS

RiO : HOLLANDE A RENCONTRÉ DES CHEFS AMAZONiENS
"DES TWEETS"?
MON PAUVRE! LA MiENNE, ELLE ENVOIE DES FLÈCHES AU CURARE...

RENCONTRE
HOLLANDE-CHIRAC
LA MIENNE AUSSI, ELLE FUITE TOUT LE TEMPS !
PAS "FUITE", "TWEETÉ" !
LUZ

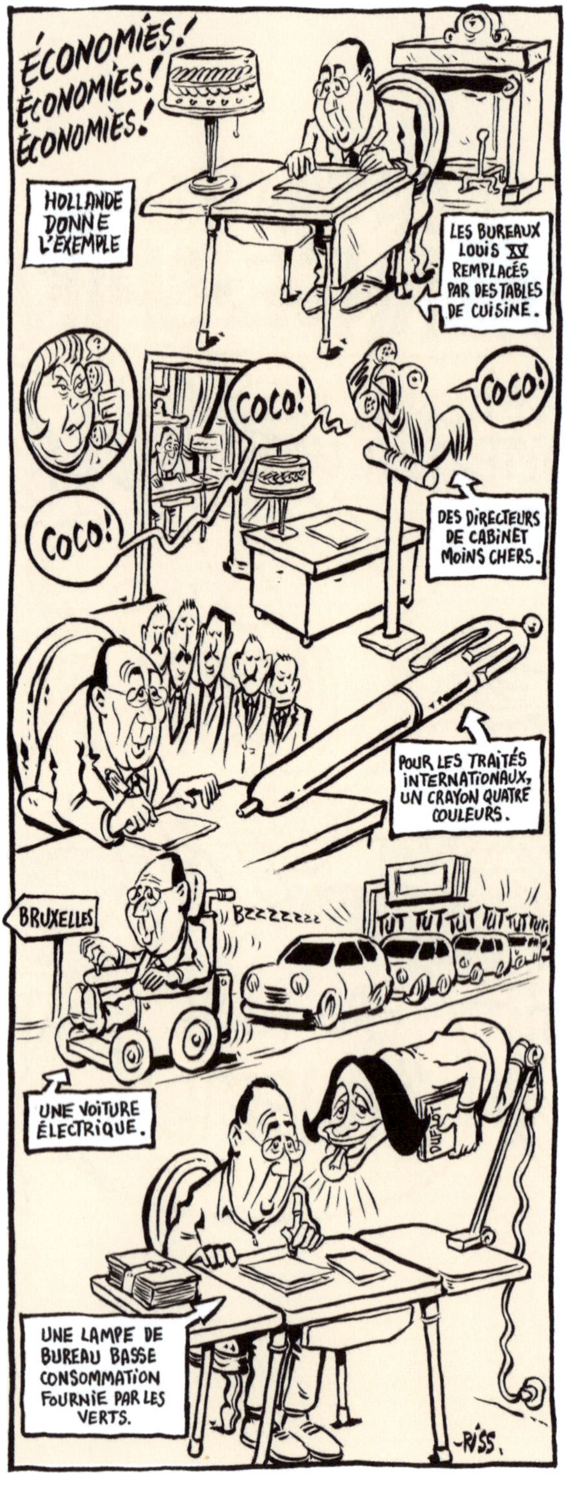
ÉCONOMIES! ÉCONOMIES! ÉCONOMIES!
HOLLANDE DONNE L'EXEMPLE
LES BUREAUX LOUIS XV REMPLACÉS PAR DES TABLES DE CUISINE.
COCO!
COCO!
COCO!
DES DIRECTEURS DE CABINET MOINS CHERS.
POUR LES TRAITÉS INTERNATIONAUX, UN CRAYON QUATRE COULEURS.
BRUXELLES
BZZZZZZZ
TUT TUT TUT TUT TUT TUT
UNE VOITURE ÉLECTRIQUE.
DUFLOT
UNE LAMPE DE BUREAU BASSE CONSOMMATION FOURNIE PAR LES VERTS.
RISS.

PROCÈS LE CLAN LE PEN CONTRE FOURESTET VENNER P. 2
11 JUILLET 2012 / N° 1047 / 2,50 €
CHARLIE HEBDO
1992-2012 CHARLIE HEBDO
PLUS JAMAIS 20 ANS !
POLÉMIQUE ONFRAY ET LE GÉNOCIDE P. 5
PARAGUAY MONSANTO INVENTE LE PUTSCH TRANSGÉNIQUE P. 11
L'ÉTÉ À KABOUL LE DROIT DES FEMMES AU MITARD P. 15
NOUVEAU LE HORS-SÉRIE DES 20 ANS DE CHARLIE
L'AUSTÉRITÉ !
OUI, MAIS DE GAUCHE.
RISS
www.charliehebdo.fr
L 14057 - 1047 - F: 2,50 €

FAUSSES VACANCES
ÎLE DE RÉ
LA ROCHELLE
... ET DES UNIVERSITÉS D'ÉTÉ DU PS LÀ ?...
FORT BOYARD
LE CHÔMAGE A ENCORE AUGMENTÉ
FRANÇOIS ! SI TU NE TE LÈVES PAS, J'ENVOIE UN TWEET !
Cabu

L'AUSTÉRITÉ À LA PLAGE
ET UNE GLACE SANS BOULE POUR LE PRÉSIDENT SANS COUILLES !
Glacier
LUZ

LE ROBOT "CURIOSITY" EST ARRIVÉ SUR MARS
...ET LE ROBOT "NORMALITY" À BRÉGANÇON!
BZZZZZZ...
Jul.

SYRIE : INTERVIEW D'UN BLOGUEUR ENCORE EN VIE P. 8
18 JUILLET 2012 / N° 1048 / 2,50 €
CHARLIE HEBDO
UBS
RACOLAGE ACTIF CHEZ LES PETITS COMMERÇANTS P. 7
RAMADAN
LA FÊTE RASOIR DES BARBUS P. 11
L'ÉTÉ À KABOUL
LES CHAUDES NUITS DES EXPATRIÉS P. 15
EN KIOSQUES
LE HORS-SÉRIE DES 20 ANS DE CHARLIE
1992-2012
CHARLIE HEBDO
PLUS JAMAIS 20 ANS !
ÉTÉ POURRI
IL PLEUT DES CHÔMEURS
LUZ
www.charliehebdo.fr
L 14057 - 1048 - F: 2,50 €

LE PLAN DE HOLLANDE POUR SAUVER LES SYRIENS
ALLÔ, SÉGOLÈNE, ÇA TE DIRAIT, UN MOIS À DAMAS ?
RISS

CHARLIE EN REPORTAGE DANS LA MOSQUÉE DES FEMMES P. 8

14 AOÛT 2012 / N° 1052 / 2,50 €

CHARLIE HEBDO

1992-2012 CHARLIE HEBDO

EN KIOSQUES LE HORS-SÉRIE DES 20 ANS DE CHARLIE

TÉLÉ FAUX CULS
« DE L'IMPERTINENCE », PAR MICHEL POLAC P. 2

ÉTHYLOTESTS
UN DERNIER CANCER POUR LA ROUTE P. 7

RUSSIE
LA LIBERTÉ D'EXPRESSION INTERNÉE EN HP P. 11

www.charliehebdo.fr

N° 1052 • FRANCE MÉTROPOLITAINE : 2,50 € - BEL/LUX : 2,80 € - ALLEMAGNE : 3,50 € - AND : 2,50 € - ESP/PORT. CONT. : 3 € - DOM/A : 3,50 € - CH : 4 FS - CAN : 5,45 $C - NCAL/A : 660 F CFP - POL/S : 660 F CFP - TUNISIE : 5 TND

L 14057 - 1052 - F: 2,50 €

HOLLANDE RASSURE LES FRANÇAIS
PAS DE RÉCESSION POUR LA CONNERIE
cabu

EXPULSIONS DE ROMS

NORMAL
A-
NORMAL
cabu

OUVERTURE DE LA CHASSE AU SANGLIER
T'ÉLOIGNE PAS TROP, MON P'TIT COCHON...
FRONT DE GAUCHE
UMP
LUZ

Duflot-Montebourg :
ILS N'ONT DANSÉ QU'UN SEUL ÉTÉ
cabu

JOHNNY EST MORT. SI, SI ! P. 8

5 SEPTEMBRE 2012 / N° 1055 / 2,50 €

CHARLIE HEBDO

ENVIRONNEMENT
ENCORE UN GRENELLE SANS LE NUCLÉAIRE P. 2

SPORT
LES FAUX CULS DES JEUX PARALYMPIQUES P. 14

URGENCES
LA MORT AU BOUT DE LA BITE
PAR PATRICK PELLOUX P. 7

L'ESCROQUERIE NUCLÉAIRE
LE NOUVEAU HORS-SÉRIE DE CHARLIE

CHARLIE HEBDO
L'ESCROQUERIE NUCLÉAIRE

PS

ON VEUT UN HOMME À POIGNE !

cabu

www.charliehebdo.fr

N° 1055 ▸ FRANCE MÉTROPOLITAINE : 2,50€ - BEL/LUX : 2,80€ - ALLEMAGNE : 3,50€ - AND : 2,50€ - ESP/PORT. CONT. : 3€ - DOM/A : 2,50€ - CH : 4FS - CAN : 5,45$C - NCAL/A : 660F CFP - POL/S : 660F CFP - TUNISIE : 5 TND

L 14057 - 1055 - F: 2,50 €

JEUX PARALYMPIQUES
PAS DE BRAS
PAS DE JAMBES
PAS DE COUILLES
231
1403
COCO.

JEUX HANDISPORT:
LA FRANCE A-T-ELLE MISÉ SUR LE BON CHEVAL ?
-RISS-

LE PS CHOISIT HARLEM DÉSIR
ILS AURAIENT PU PRENDRE QUELQU'UN AVEC UN NOM NORMAL...

LA MANIF du 30 SEPTEMBRE
S'ILS NE M'AVAIENT PAS ÉLU, JE SERAIS AVEC EUX...
NON AU
CGT
BUDGET
SCHVARTZ

LE QATAR INVESTIT EN BANLIEUE.
ILS ONT PEUT-ÊTRE TROUVÉ DU PÉTROLE !
TIGNOUS

HOLLANDE VEUT DES "RELATIONS APAISÉES" AVEC L'AFRIQUE

Si HOLLANDE ÉTAIT PRIS EN OTAGE...
VOUS PRENEZ LUI, MAIS PAS L'EMMERDEUSE !
cabu

FRANCE
EST-CE BIEN NORMAL D'AVOIR
2 PAPAS ?
RISS

HOLLANDE MENACÉ PAR LES ISLAMISTES
CHARLIE HEBDO
POLICE
JE DEMANDE L'ASILE POLITIQUE À CHARLIE HEBDO.
RISS

Sondages. Hollande en chute libre...
Me v'là dans le Livre des records !
HONORÉ

ON NE VEUT PLUS DE « COUACS », ON VEUT DES...
... COUIC !
-RISS-

HOLLANDE GALVANISE LE GOUVERNEMENT !
PLUS QUE 4 ANS ET 8 MOIS À TENIR !
CHARB.

RELANCE DES EXPORTATIONS !
LE NORD-MALI VA SE PRENDRE DES BOMBES FRANÇAISES SUR LA GUEULE...
CHARB.

HOLLANDE FAIT PEUR AUX BOCHES
BISOU
LUZ

UN PAPA,
UNE MAMAN...
C'EST DÉPRIMANT !
cabu

ADOPTEZ UN UMP !
J'AI PLUS D'PAPA, PLUS D'MAMAN !
LUZ.

LA GAUCHE SE CONVERTIT AU RÉALISME
ET HOP, 2 MILLIONS DE CHÔMEURS EN MOINS !
RISS

HOLLANDE STYLE
DÉJÀ 1 MILLIARD DE DÉÇUS!
CHARB.

BAISSE DES DONS AU TÉLÉTHON

LES MYOPATHES NE FONT PLUS RÊVER LES FRANÇAIS

MAHOMET, CET INCONNU : INTERVIEW D' ABDENNOUR BIDAR P. 8
2 JANVIER 2013 / N° 1072 / 2,50 €
CHARLIE HEBDO
JOURNAL IRRESPONSABLE
2013
LES PRÉDICTIONS DE FRANÇOIS MOREL P. 3
ENTRETIEN
LA BLOGUEUSE QUI DÉFIE LES ISLAMISTES ÉGYPTIENS P. 6
BIRMANIE
LES CHINOIS ACHÈTENT MÊME LES FEMMES P. 15
HORS-SÉRIE
INÉDIT : LA VIE DE MAHOMET EN BD
CHARLIE HEBDO
LA VIE DE MAHOMET
LES SURPRISES DE 2013
TIENS ! ENCORE LÀ, TOI ?
CHARB
www.charliehebdo.fr
L 14057 - 1072 - F: 2,50 €

FAUT-IL DONNER DES ÉTRENNES À VOTRE CONCIERGE ?
C'EST QUAND MÊME MOI QUI VOUS DISTRIBUE VOTRE LETTRE DE LICENCIEMENT.
RISS

L'ANNÉE SERA DURE...
MAIS LE NOEUD SERA MOU
LUZ

POURQUOI HOLLANDE NE REMPLACE-T-IL PAS AYRAULT ?
PARCE QUE PERSONNE NE VEUT SA PLACE...
NYPD

Hollande recadre ses ministres

_T'as pas envie qu'on dise : zéro plus zéro égale la tête à Ayrault ...

ENFIN LA GUERRE !
LE COLONEL CHÔMAGE PREND DU GALON
pôle emploi
LUZ.

TERRORISTES AFRICAINS. L'ATLAS DU DJIHAD P. 2

23 JANVIER 2013 / N° 1075 / 2,50 €

CHARLIE HEBDO

JOURNAL IRRESPONSABLE

CHARLIE HEBDO

LA VIE DE MAHOMET

AÉROPORT
NATURALISTES CONTRE NOTRE-DAME-DES-LANDES P. 15

UMP
UN MONDE MERVEILLEUX P. 7

ENVIRONNEMENT
LA CAUTION POLLUTION DE ROBIN DES BOIS P. 8

HORS-SÉRIE
INÉDIT : LA VIE DE MAHOMET EN BD

N° 1075 ▸ FRANCE MÉTROPOLITAINE : 2,50€ - BEL/LUX : 2,80€ - ALLEMAGNE : 3,50€ - AND : 2,50€ - ESP/PORT. CONT. : 3€ - DOM/A : 3,50€ - CH : 4 FS - CAN : 5,45 $C - NCAL/A : 660 F CFP - POL/S : 660 F CFP - TUNISIE : 5 TND

L 14057 - 1075 - F: 2,50 €

MALI : 1 PAYS POUR 2 PROPHÈTES
CORAN
80 PROPOSITIONS
RISS

CET HORRIBLE MOIS DE JANVIER
ON VA FINIR LES RESTES, HEIN, JEAN-MARC...
CROISSANCE
PNB
DETTE
RETRAITES
DÉFICITS
COMMERCE EXTE
HACHIS RSA
cabu
TU VOIS, JEAN-MARC, SON ÉTAT DE GRÂCE A DURÉ ENCORE MOINS LONGTEMPS QUE POUR NOUS...

VIVEMENT UNE GUERRE POUR FAIRE OUBLIER LA CRISE...
VIVEMENT DE LA NEIGE POUR FAIRE OUBLIER LA GUERRE
VIVEMENT HEU... LA CRISE...
LUZ

LES OPPOSANTS AU MARIAGE GAY À L'ÉLYSÉE
ET ON EST CONTRE LES BOMBARDEMENTS GAYS SUR LE MALI...
CHARB.

Florence Cassez reçue à l'Élysée

– On n'en fait pas un peu trop ?

FLORENCE CASSEZ
JE REMERCIE MES DEUX PAPAS !
CATHERINE

Y A-T-IL UN COACH POUR SAUVER HOLLANDE ?
J'ARRIVE !
RISS

MALI : HOLLANDE PREND DU GALON
RISS

J'IRAÍ BUTER LES TERRORISTES JUSQUE DANS LES SANISETTES.
TOILETTES
RISS

Hollande à Bamako
10 MILLIONS SELON LA POLICE
cabu
ZÉRO SELON LES DJIHADISTES

HOLLANDE REMONTE DANS LES SONDAGES.
AU MALI !
TIGNOUS

Si !... IL Y A UNE PROMESSE QUE J'AI TENUE... C'EST LE MARIAGE GAY !
CGT
cfdt
FO
cabu

Otages français au Nigeria.
Y A 4 ENFANTS !!
DES ALLOCATIONS FAMILIALES EN MOINS !
TIGNOUS

NKM, ENFANT TRAUMATISÉE
SARKOZY ? TU NE LE VERRAS PLUS !
CATHERINE

Moscou. Hollande tente de dégeler l'atmosphère

– Cher Poutine… poil à la … euh…

François Hollande est resté 11 h au salon de l'agriculture.

LA ViE DE COUPLE
LE PAPE EST "OUVERT" SUR LE SOCiAL, MAIS "FERMÉ" SUR LES MOEURS...
...TOI, C'EST LE CONTRAIRE... C'EST PLUS FACILE!
LE PAPE FRANÇOIS
cabu

FRANÇOIS
PAPE DES PAUVRES
PÔLE EMPLOI
C'EST MOI.
NON, C'EST MOI.
-RISS-

Et voilà que le temps s'y met !

– Le salage, c'est maintenant !

FAUT-IL ARMER LA RÉBELLION SYRIENNE?
ET SI ON ARMAIT LA RÉBELLION FILLONNISTE CONTRE COPÉ?
LUZ

HOLLANDE S'ADRESSE AUX FRANÇAIS
RISS
CHYPRIOTES, CHYPRIOTÉS...

CHACUN SON COMBAT
SONDAGES
%
COCO.

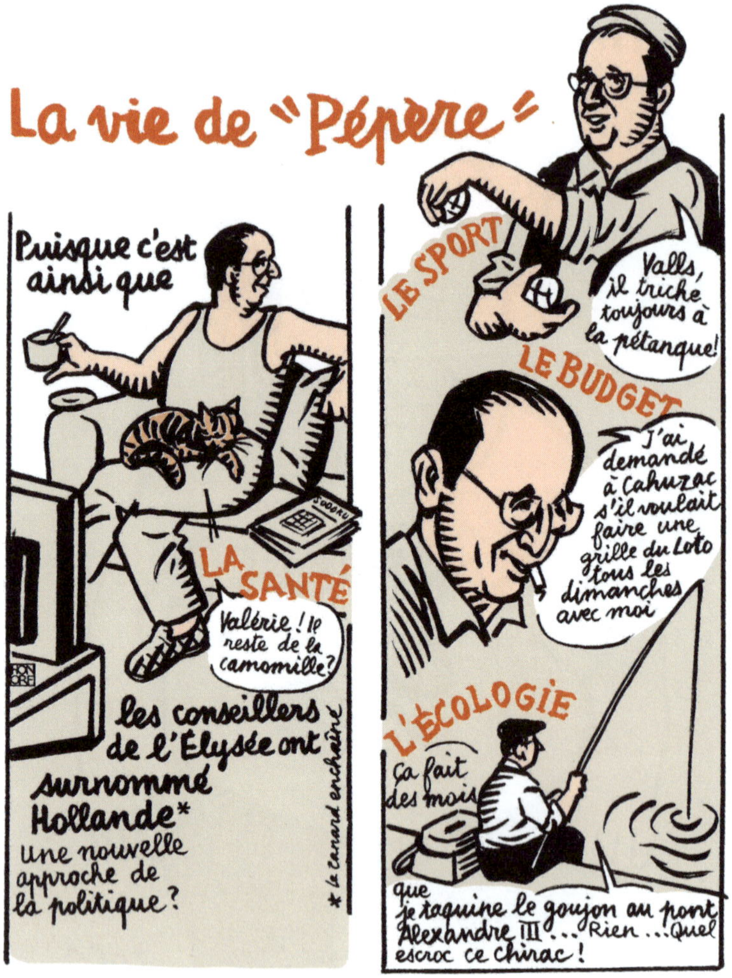
La vie de "Pépère"
Puisque c'est ainsi que
LA SANTÉ
Valérie ! Il reste de la camomille ?
les conseillers de l'Élysée ont surnommé Hollande*
une nouvelle approche de la politique ?
* le canard enchaîné
LE SPORT
Valls, il triche toujours à la pétanque !
LE BUDGET
J'ai demandé à Cahuzac s'il voulait faire une grille du Loto tous les dimanches avec moi
L'ÉCOLOGIE
Ça fait des mois
que je taquine le goujon au pont Alexandre III... Rien... Quel escroc ce Chirac !

PRINTEMPS
LA CHENILLE VA-T-ELLE
SE TRANSFORMER EN
PAPILLON ?
CATHERINE

les leçons de l'affaire Cahuzac.
NE JAMAIS DIVORCER SI ON A UN COMPTE EN SUISSE !
TIGNOUS

CAHUZAC : L'UMP EN SAVAIT PLUS QUE HOLLANDE P. 2

10 AVRIL 2013 / N° 1086 / 2,50 €

CHARLIE HEBDO

JOURNAL IRRESPONSABLE

www.charliehebdo.fr

SALUT, FRED
SES DESSINS DANS « HARA-KIRI » P. 8

SRI LANKA
QUAND LES MILITAIRES REMPLACENT LE CLUB MED P. 11

NUCLÉAIRE
L'AFFAIRE DES IRRADIÉS DE BREST P. 7

FISCALITÉ
ON ATTEND TOUJOURS UNE RÉFORME DE GAUCHE P. 4

N° 1086 ▸ FRANCE MÉTROPOLITAINE : 2,50 € - BEL/LUX : 2,80 € - ALLEMAGNE : 3,50 € - AND : 2,50 € - ESP/PORT. CONT. : 3 € - DOM/A : 3,50 € - CH : 4 FS - CAN : 5,45 $C - NCAL/A : 660 F CFP - POL/S : 660 F CFP - TUNISIE : 5 TND

L 14057 - 1086 - F: 2,50 €

Hollande n'a pas de mots assez durs

— Cahuzac ... social - traître !

SI ON ÉTAIT IMPOSÉ EN FONCTION DE SA COTE DE POPULARITÉ, LE FISC ME DEVRAIT DE L'ARGENT ...
CHARB.

APRÈS LE MALI :
HOLLANDE AURA-T-IL LES COUILLES D'ENVAHIR LA SUISSE ?
-RISS-

EST-CE QUE J'AI UNE TÊTE DE COMPTE EN SUISSE ?
NON, JUSTE DE CON SOCIALISTE !

Moralisation de la politique :
Hollande prend des mesures.
TIGNOUS

ON N'A PAS DE PATRIMOINE
ET ENCORE MOINS D'IDÉES !
LUZ

PLUS RIEN À CACHER !
PROMESSES DE CAMPAGNE 2012
-RISS-

LE PATRIMOINE DE HOLLANDE

ALZHEIMER PRÉSIDENT
CAHUQUOI ?
C'EST BON, M. LE PRÉSIDENT, IL N'Y A PERSONNE...
CHARB.

ÉVASION FISCALE : UBS EXPATRIE L'IMPÔT FRANÇAIS AU PANAMÁ P. 15

30 AVRIL 2013 / N° 1089 / 2,50 €

CHARLIE HEBDO

JOURNAL IRRESPONSABLE

REPORTAGE
TOUAREGS, LES RÉFUGIÉS SANS FRONTIÈRES P. 8

CRISE FINANCIÈRE
LA BULLE PÉTROLIÈRE MENACE D'EXPLOSER P. 7

CORÉES
KIM JONG-UN BIENTÔT GARDE FORESTIER P. 11

BON APPÉTIT !
LE NOUVEAU HORS-SÉRIE EN KIOSQUES

CHARLIE HEBDO
BON APPÉTIT !

REMANIEMENT

www.charliehebdo.fr

N° 1089 ▸ FRANCE MÉTROPOLITAINE : 2,50€ - BEL/LUX : 2,80€ - ALLEMAGNE : 3,50€ - AND : 2,50€ - ESP/PORT. CONT. : 3€ - DOM/A : 3,50€ - CH : 4 FS - CAN : 5,45 $C - NCAL/A : 660 F CFP - POL/S : 660 F CFP - TUNISIE : 5 TND

L 14057 - 1089 - F: 2,50 €

LE PROJET DE LOI CHOC DE HOLLANDE
POUR UN QUINQUENNAT QUI NE DURE QU'UN AN.
RISS.

OBSOLESCENCE PROGRAMMÉE
PRÉVU POUR 5 ANS
EN PANNE AU BOUT D'UN AN
FÉLIX'13

LE COUP DE FORCE DE MÉLENCHON
DESCENDS, SI T'ES UN HOMME !
LUZ

GUÉANT : DES MARCHANDS D'ARMES AUX MARCHANDS D'ART P. 2
7 MAI 2013 / N° 1090 / 2,50 €
CHARLIE HEBDO
JOURNAL IRRESPONSABLE
CRISE
HARPAGON TUE L'EUROPE P. 6
PESTICIDES
COMMENT LA FRANCE A REGARDÉ CREVER LES ABEILLES P. 8
FRANCE-ALLEMAGNE
OUI AU « MERKEL BASHING » P. 5
BON APPÉTIT !
LE HORS-SÉRIE EN KIOSQUES
CHARLIE HEBDO
BON APPÉTIT !
HOLLANDE, FAIS-NOUS JOUIR !
JE VAIS VOUS PÉTER LE CUL !
RIGUEUR
CHARB.
www.charliehebdo.fr
L 14057 - 1090 - F: 2,50 €

REPORTAGE : LES FEMEN À L'ASSAUT DES FACHOS P. 8
15 MAI 2013 / N° 1091 / 2,50 €
CHARLIE HEBDO
JOURNAL IRRESPONSABLE
UMP
FILLON SE PREND POUR LE SOLEIL-LEVANT P. 5
OGM
MONSANTO À L'ASSAUT DU MAÏS MEXICAIN P. 11
CENTENAIRE DE TRENET
INTERVIEW DE SON AIDE DE CAMP P. 15
BON APPÉTIT !
LE HORS-SÉRIE EN KIOSQUES
CHARLIE HEBDO
BON APPÉTIT !
CINÉMA
25% DES FRANÇAIS FONT CONFIANCE À
IRON MAN
RISS
www.charliehebdo.fr
L 14057 - 1091 - F: 2,50 €

Hollande réfléchit à un remaniement

– Am stram gram pic et pic et colégram…

SPIELBERG À CANNES
HOLLANDE TÉLÉPHONE MAISON
LUZ

POPULARITÉ
TOUT VA MIEUX !
VOUS ÊTES JUSTE DERRIÈRE LE CORONAVIRUS ...
CHARB

FRANCE INONDÉE
HOLLANDE PRÉSENTE SON PLAN DE SAUVETAGE
-RISS-

QUEL COURAGE !

HOLLANDE I
HOLLANDE II
HOLLANDE III
HOLLANDE IV
HOLLANDE V
HOLLANDE VI
CHARB.

LES SOCIALISTES EN DEUIL
LA RETRAITE À 60 ANS, C'ÉTAIT LUI...
LA RETRAITE À 70 ANS, ÇA SERA TOI !
PIERRE MAUROY 1928 - 2013

ON PEUT SAUVER LES RETRAITES
SI ON SACRIFIE LES RETRAITÉS...
CHARB.

LE RETOUR DE SUPERMAN
JE NE PEUX PLUS BOUGER ! LA FAUTE À LA KRYPTONITE !
NON, MOI C'EST KRYPTAYRAULT
LUZ

SYRIE
LA FRANCE AIDE À LUTTER CONTRE LE GAZ SARIN
MALIN!
CHARB.

HOLLANDE NE SAIT PAS PARLER AUX FRANÇAIS
S'Y OU PLAIT, MOI PAS TRAVAIL, PAS MANGER.
RISS

Une éclisse, c'est comme un Montebourg, un pétage de boulons et c'est tout le train qui déraille !

LA REPRISE EST LÀ!
SUFFIT DE SE BAISSER POUR LA RAMASSER.
RISS

LA REPRISE EST LÀ !
OÙ ?
DANS TON CUL !
CHARB.

FESSENHEIM FERMERA EN 2016
UNE CENTRALE QUI S'ÉTEINT, C'EST UN FORAGE DE GAZ DE SCHISTE QUI S'ÉVEILLE...
CATHERINE

ÉTÉ MEURTRIER EN EUROPE
Pédalo One
cabu
...FRANÇOIS, FAIS UN EFFORT !

COMMENT FERMER UN SERVICE D'URGENCES PAR P. PELLOUX P. 2
7 AOÛT 2013 / N° 1103 / 3 €
CHARLIE HEBDO
JOURNAL IRRESPONSABLE
MAROC
LE ROI ET LE PÉDOPHILE P. 11
MEDEF
PIERRE GATTAZ DIT MERDE À L'ÉCOLOGIE P. 7
FUITE DES CERVEAUX
LE GRAND ENFUMAGE P. 5
LA VIE DE MAHOMET
LE TOME 2 EN KIOSQUES
CHARLIE HEBDO
LA VIE DE MAHOMET
HOLLANDE S'ADRESSE AUX FRANÇAIS
NOYÉES, NOYÉS...
RISS
www.charliehebdo.fr
L 14057 - 1103 - F: 3,00 €

ET SI LE PSG N'EST PAS CHAMPION, JE TE COUPE LES VIVRES !
cabu

Hollande sur tous les fronts

_ Si ça continue, j'vais aussi devoir faire Bison futé !

SÉMINAIRE GOUVERNEMENTAL
IMAGINEZ LE PÉDALO DE 2025 !
CATHERINE

LA CHARTE DE LA LAÏCITÉ À L'ÉCOLE, PAR LUZ P. 2

4 SEPTEMBRE 2013 / N° 1107 / 3 €

CHARLIE HEBDO

JOURNAL IRRESPONSABLE

REPORTAGE À BRUXELLES
LES SALAFISTES ONT LEUR ROI DES BELGES P. 7

RÉFORME PÉNALE
TAUBIRA VEUT SORTIR LA JUSTICE DE PRISON P. 9

ÉTATS-UNIS
LES ÉCOUTES PLOMBENT LA CROISSANCE P. 11

NOUVEAU HORS-SÉRIE
LA LAÏCITÉ, C'EST PAR OÙ ?

N° 1107 ▸ FRANCE MÉTROPOLITAINE : 3 € - BEL/LUX : 3,30 € - ALLEMAGNE : 4 € - AND : 3 € - ESP/PORT. CONT. : 3,50 € - DOM/A : 4 € - MAY : 4,20 € - CH : 4,80 FS - CAN. : 5,99 $C - NCAL/A : 700 F CFP - POL/S : 700 F CFP - TUNISIE : 5,9 TND

L 14057 - 1107 - F: 3,00 €

SYRIE
LE GÉNÉRAL PANPAN-CUCUL À LA MANŒUVRE
TOUS LES 100 000 MORTS, JE PUNIS !
CHARB.

POUVEZ-VOUS INVERSER LA COURBE DU CHÔMAGE ?
OUI
MESDAMES MESSIEURS IL PEUT LE FAIRE !
HOMMAGE À PIERRE DAC ET FRANCIS BLANCHE
TU N'AS PLUS ENVIE QUE JE RÉ-ENCHANTE LE RÊVE FRANÇAIS ?
LÉON BLUM
FOURIER
J. GUESDE
JAURÈS
GUY MOLLET
cabu
JE VEUX PAS RENTRER

RENTRÉE DES CLASSES
EN SYRIE
Y A PERSONNE QUI VEUT JOUER AVEC MOI !
LUZ

1,2 MILLION DE CHASSEURS
ET SE RETROUVER TOUT SEUL À CHASSER LE BACHAR...
CHARB.

Sergents recruteurs
ON VA ÊTRE OBLIGÉS D'ACCEPTER LES PIEDS-PLATS ET LES PIPI-AU-LIT !
Cabu
signez ici
ON APPELAIT GROUCHY...
...ET C'EST GUY MOLLET QUI RÉPOND !
LE DRIAN
HOLLANDE
1956, L'EXPÉDITION DE SUEZ
MOI, GENDARME DU MONDE !
MOI, GENDARME DE ST-TROPEZ !

Syrie.
Obama en stand-by.
HON
ORÉ
_Allez Barack, on y va. Fais pas chier avec ton vote !

PROCÈS ACHOUI DEUX BALLES À LA BARRE PAR VINSON ET RISS P. 9
25 SEPTEMBRE 2013 / N° 1110 / 3 €
CHARLIE HEBDO
JOURNAL IRRESPONSABLE
CAMBRIOLAGES
UN AUTRE BIJOUTIER EST POSSIBLE !
PAR CHARB P. 2
BIG BROTHER
APPLE STOCKE VOS EMPREINTES DIGITALES P. 11
EXTRÊME DROITE
NORD-VAUCLUSE LE FIEF DES BOMPARD
PAR CAMUS P. 5
LA LAÏCITÉ C'EST PAR OÙ ?
HORS-SÉRIE EN KIOSQUES
CHARLIE HEBDO
LA LAÏCITÉ C'EST PAR OÙ ?
LES RAVAGES DU MODÈLE ALLEMAND
CHARB.
www.charliehebdo.fr
L 14057 - 1110 - F: 3,00 €

HOLLANDE DÉPRIMÉ
LES FRANÇAIS NE M'ÉCOUTENT PAS
TU SAIS, LA NSA, NON PLUS
CHARB.

GALETTE COMPLÈTE
JAMBON
OEUF
FROMAGE
LUZ

ENTERREMENT DE MANDELA...
TU TROUVES TOUJOURS QUE "L'HOMME AFRICAIN N'EST PAS ASSEZ ENTRÉ DANS L'HISTOIRE"?
CHARB.

BRETAGNE DEUX MILLIARDS DE CONFITURE AUX COCHONS P. 8
11 DÉCEMBRE 2013 / N° 1121 / 3 €
CHARLIE HEBDO
JOURNAL IRRESPONSABLE
VOTE CATHOLIQUE
JÉSUS N'A PAS ENCORE SA CARTE AU FN P. 5
LIBYE
LE COUVERCLE DE LA CPI SUR LES ANNÉES KADHAFI P. 11
LOIS MÉMORIELLES
L'HISTORIEN MARC OLIVIER BARUCH EST POUR P. 15
HORS-SÉRIE
COMMENT ÉCHAPPER À LA PUB !
CHARLIE HEBDO
À BAS LA PUB !
EXCLUSIF
HOLLANDE A CONSERVÉ SA PROSTATE
Cabu
www.charliehebdo.fr
L 14057 - 1121 - F: 3,00 €

HOLLANDE :
NOUVELLE POLITIQUE...
...NOUVELLE MEUF !

HOLLANDE: 76% DE MÉCONTENTS
CE SCORE STALINIEN GÊNE UN PEU LE DÉMOCRATE QUE JE SUIS
CHARB.